Sonnenschein an jedem Tag

Tania Konnerth (Hg.)

Sonnenschein an jedem Tag

365 gute Gedanken

HERDER

FREIBURG · BASEL · WIEN

Für alle, die die Sonne
in meinem Leben scheinen lassen und ließen.

Tania Konnerth

© Verlag Herder GmbH, Freiburg im Breisgau 2016
Alle Rechte vorbehalten
www.herder.de

Umschlaggestaltung und Typografie:
Christina Krutz, Biebesheim am Rhein
Satz: Arnold & Domnick, Leipzig
Herstellung: Kösel GmbH & Co. KG, Altusried-Krugzell
Printed in Germany

ISBN 978-3-451-31121-5

Inhalt

Von hellen und dunklen Tagen

Graues, trübes Wetter, wenig Licht ...
das kann auf die Stimmung drücken. Dabei ist es meist
weniger der wolkenverhangene Himmel, der uns
betrübt, als vielmehr unsere Gedanken dazu!
Achten Sie einmal ganz bewusst darauf, was Sie
normalerweise an dunklen Tagen denken – Sie werden
sehen, dass es fast immer auch dunkle Gedanken
sind ...
Das Gute daran: Wenn das, was wir denken, unsere
Stimmungen beeinflusst, können wir mit schönen
Gedanken gewissermaßen die Sonne in uns aufgehen
lassen und uns so den Tag selbst erhellen.
Ein arabisches Sprichwort lautet: „Ein Buch ist ein
Garten, den man in der Tasche trägt."

In diesem Sinne lade ich Sie zu einem erfrischenden Spaziergang durch den Garten ein, den ich für Sie angelegt habe. Hier können Sie sich ganz unterschiedliche Gedanken berühmter und weniger berühmter Menschen pflücken.

Viel Freude, neue Impulse und das eine oder andere Lächeln wünscht Ihnen

Tania Konnerth

Januar

Januar

1 „Es hängt von dir selbst ab,
ob du das neue Jahr
als Bremse oder
als Motor benutzen willst."

Henry Ford

2 „Gib jedem Tag die Chance,
der schönste deines Lebens
zu werden."

Mark Twain

3 „Heute ist immer der Tag,
an dem die Zukunft beginnt."

Hans Kudszus

4 „Ob einem eine schwarze Katze
Unglück bringt, hängt davon ab,
ob man ein Mensch ist oder eine Maus."

Eckhard Seidel

Januar

5 „Hoffnung ist wie Zucker im Tee.
Auch wenn sie noch so klein ist,
versüßt sie alles."

Chinesisches Sprichwort

6 „Die Zeit verwandelt uns nicht,
sie entfaltet uns nur."

Max Frisch

7 „Dein Gesicht wird dir geschenkt,
lächeln musst du selber."

Inga Herrmann

8 „Die Zeit ist immer reif,
es fragt sich nur wofür."

Françoise Mauriac

9

Ein kleiner Flirt –
auch mit dem eigenen Partner –
bringt die Sonne zum Scheinen, ganz egal,
wie das Wetter draußen ist:

„Gefühle erblühen.
Es könnte Frühling werden
mitten im Winter."

Ernst Ferstl

10

Den Alltag einfach mal
in den Urlaub schicken,
den Stress pensionieren
und den Verpflichtungen
eine lange Nase machen.
So ein kleines Stück
Freiheit zwischendurch
muss manchmal sein.

11

„Wahre Optimisten sind nicht überzeugt,
dass alles gutgehen wird. Sie sind jedoch
überzeugt, dass nicht alles schiefgehen
wird."

Jean Dutuourd

Januar

12 „Wenn Sie nicht wissen,
was Sie vom Leben wollen –
was werden Sie dann wohl
bekommen?"

Napoleon Hill

13 „Den Kopf hochzuhalten ist das Merkmal
des Menschseins."

Pico della Mirandola

14 Es gibt Tage, an denen fällt uns
das Glück nicht einfach zu,
sondern wir müssen es dem
Trübsinn regelrecht entringen.
Aber genau das lohnt sich!

„Es stimmt, ich habe verfluchte Lust,
glücklich zu sein, und bin bereit,
Tag für Tag um mein Portiönchen Glück
mit dumpfem Eigensinn zu feilschen."

Rosa Luxemburg

Januar

15 „Sonnenschein wirkt köstlich,
Regen erfrischend,
Wind aufrüttelnd,
Schnee erheiternd.
Wo bleibt da das schlechte Wetter?"

John Ruskin

16 „Wer glücklich reisen will,
reise mit leichtem Gepäck."

Antoine de Saint-Exupéry

17 „Nutze alles an Begabung,
was du hast.
Es wäre still in den Wäldern,
würden nur die Vögel singen,
die es am besten können."

Unbekannt

18 „Was anderes wäre Freude
als Freude machen?"

Lord Byron

Januar

19 Gut zu wissen:
„Gefühle sind wie Regenschauer,
sie haben einen Anfang,
eine Mitte und ein Ende."

Gay Hendricks

20 „Jeder Ausgang ist ein Eingang."

Tom Stoppard

21 „Kehr in dich still zurück,
ruh in dir selber aus,
so fühlst du höchstes Glück "

Friedrich Rückert

22 „Lebenskünstler ist,
wer seinen Sommer so verlebt,
dass er ihn auch noch im Winter wärmt."

Alfred Polgar

Januar

23 Warum nicht mal
ohne besonderen Anlass
so richtig zufrieden sein?
„Genug ist besser als zu viel",
sagt ein altes Sprichwort.

24 „Ein Spaziergang mit kraftvoll
ausgreifendem Schritt
nützt einem unglücklichen,
aber ansonsten gesunden Menschen
mehr als alle Medizin und
Psychologie der Welt."

Paul D. White

25

Scheinbar trivial und doch
in seiner Aussage kraftvoll,
wenn wir es nicht übersehen:

„Jeder Morgen bietet die Chance
eines ganzen Tages."

Ernst R. Hauschka

26

„Wir sind alle Zauberkünstler.
Es ist in uns gelegt, die Welt
um uns zu verwandeln,
indem wir die Welt in uns verwandeln."

Ulrich Schaffer

27

Ein Gedanke an den Frühling
kann uns auch im tiefsten
Januar eine kleine Sonne scheinen lassen.
Lassen Sie sich anstecken:

„Ich träumte von bunten Blumen,
so wie sie wohl blühen im Mai;
ich träumte von grünen Wiesen,
von lustigem Vogelgeschrei."

Wilhelm Müller

28 „Jeder würde sein eigenes Leben
gleich viel schöner finden,
wenn er aufhörte, es mit dem
Leben der Leute von nebenan
zu vergleichen."

Henry Fonda

29 Mit einem dicken Pinsel
übermale ich das Grau
dieses trüben Tages
mit freundlichen Farben.

Januar

30 „Jeder sollte am Tag eine Zeit haben,
auf die er sich freuen kann."

Anselm Grün

Welche ist Ihre Freuden-Zeit?
Wenn Ihnen spontan nichts einfällt: Schaffen Sie sich eine solche Zeit.

31 Es sind Sonne und Regen zusammen, die
den schillernden Regenbogen an den Himmel zaubern.

Februar

Februar

1 „Glück ist jeder neue Morgen,
Glück ist bunte Blumenpracht
Glück sind Tage ohne Sorgen,
Glück ist, wenn man fröhlich lacht."

Clemens von Brentano

2 „In jeder Minute,
die man mit Ärger verbringt,
versäumt man sechzig
glückliche Sekunden."

William Somerset Maugham

Februar

3 „Die Zeit ist ein machtvoller Strom des Vergehens. Kaum ist etwas sichtbar geworden, da wird es auch schon wieder fortgetragen und etwas anderes tritt an seine Stelle – und auch dies wird wieder vergehen."

Mark Aurel

4 Es ist eine gute Idee, immer wieder ganz bewusst weit die Türen für eine Portion Sonne zu öffnen,

„Denn wo einmal das Glück eingekehrt ist, da greift es leicht um sich ..."

Gottfried Keller

Februar

5 „Der Tag strahlt in den schönsten Farben,
es duftet nach Leben und die Luft schmeckt
nach Glück."

Jochen Mariss

6 „Nehmen Sie die Menschen wie sie sind –
es gibt keine anderen."

Konrad Adenauer

7 „Wach auf, mein Schatz!
Es leuchtet dort her
von Osten der lichte Tag.
Blinzle durch die Wimpern,
sieh den Glanz,
wie das helle Blau des Himmels
unaufhaltsam das Grau durchdringt."

Oswald von Wolkenstein

8 Fehlgriffe humorvoll sehen und
vor allem aus ihnen lernen:

„Man sollte eigentlich im Leben niemals
die gleiche Dummheit zweimal machen,
denn die Auswahl ist groß genug."

Bertrand Russell

Februar

9 „Man muss noch Chaos in sich haben,
um einen tanzenden Stern gebären zu
können."

Friedrich Nietzsche

10 Wenn mich das Fernweh packt,
reise ich mit dem Finger
auf der Landkarte und lasse die Bilder
dazu in meinem Kopf entstehen.

11 „Lebe!
Tanze, wenn die Sonne scheint,
und pfeife, wenn es regnet.
Und du wirst spüren:
Wir sind gemacht für die Freude."

Phil Bosmans

Februar

12   „Nimm dir Zeit, um zu träumen.
Das ist der Weg zu den Sternen."

Aus Irland

13   Oft übersehen wir, dass Glück
und Zufriedenheit vor allem
auch eine Entscheidungssache sind:

„Glück ist eigentlich nur der Wille
zum Glücklichsein."

Wilhelm Lichtenberg

14

„Alle Zeit, die nicht
mit dem Herzen
wahrgenommen wird,
ist so verloren wie die Farben
eines Regenbogens für einen
Blinden oder das Lied eines
Vogels für einen Tauben."

Michael Ende

15

„Die Welt ist voll von Leuten,
die das große Glück suchen
und dabei die Zufriedenheit
völlig übersehen."

Doug Larson

Februar

16 „Ruhig dasitzen, nichts tun,
der Frühling kommt,
das Gras wächst von selbst."

Zen-Spruch

17 „Man sollte die Dinge so nehmen,
wie sie kommen. Aber man sollte
dafür sorgen, dass die Dinge so kommen,
wie man sie nehmen möchte."

Curt Goetz

18 Nicht der Angst das Ruder überlassen,
sondern hin und wieder auch mal
wagemutig sein:

„Manche leben so vorsichtig,
dass sie wie neu sterben."

Michael Richter

19 „Es ist nicht leicht,
das Glück in uns aufzuspüren,
und es ist nicht möglich,
es anderswo zu finden."

Agnes Repplier

Februar

20 „Zu neuen Ufern
lockt ein neuer Tag."

Johann Wolfgang von Goethe

21 Das Glück ist nach Hilde Domin:

„Ein großer Vogel, der einen kleineren
auf seine Fittiche nimmt.
Irgendwo."

22 „Wenn uns etwas misslingt,
mögen wir enttäuscht sein,
aber wenn wir es gar nicht erst versuchen,
sind wir schon gescheitert."

Beverly Sills

Februar

23 „Humor ist das Salz der Erde
und wer gut durchsalzen ist,
bleibt lange frisch."

Karel Čapek

24 Eine Pause zur richtigen Zeit,
kleine Auszeit für Körper,
Geist und Seele.
Das ist Lebenskunst!

25 „Im Leben fängt man
dann und wann
wieder mal von vorne an."

Wilhelm Busch

26 „Lehne es nicht ab,
das Negative zur Kenntnis zu
nehmen. Weigere dich lediglich,
dich ihm zu unterwerfen."

Norman Vincent Peale

Februar

27
Manchmal, wenn der Tag
besonders grau ist,
tut ein bisschen Farbe gut:
durch eine rosarote Brille schauen,
ins Grüne fahren
oder einfach mal blaumachen.

28
„Das Glück besteht darin,
zu leben wie alle Welt
und doch wie kein anderer zu sein."

Simone de Beauvoir

März

März

1 „Glücklich leben ist Parken
in der Sonne."

Alfred Noss

2 „Es ist nicht die Last,
die dich bricht, es ist die Art,
wie du sie trägst."

Hans J. Ludwig

3 Die Kraft der Sonne ganz
bewusst schätzen lernen:

„Ein Sonnenblick
bringt mehr Gras hervor
als zehn Hagelwetter."

Unbekannt

4 Gut gelaunt heute:
Ein Lächeln hockt auf meinem Mund
und baumelt mit den Beinen.

März

5

„Nimm dir Zeit zum Lachen –
es ist die Musik der Seele.
Nimm dir Zeit, freundlich zu sein –
es ist der Weg zum Glück.
Nimm dir Zeit, zu lieben
und geliebt zu werden –
es ist der wahre Reichtum des Lebens."

Nach einem alten irischen Gebet

6

„Wenn ich einen grünen Zweig
im Herzen trage,
wird sich ein Singvogel
darauf niederlassen."

Chinesisches Sprichwort

7

Unterwegs sein,
sich Zeit lassen,
auch einmal in Ruhe verweilen.
Hetze ist ein Wohlfühlkiller.

März

8 „Das Glück kam zu mir,
als ich ihm nicht mehr
nachlief."

Adrian Peivareh

9 „Von dem dänischen Philosophen
Kierkegaard stammt die Vorstellung,
dass die Tür ins Reich des Glücks
nach innen aufgehe.
Sie lässt sich nicht mit Gewalt aufstoßen,
im Gegenteil: Um sie zu öffnen,
muss man sogar einen
Schritt zurücktreten."

Stephan Lermer

10 „Man soll dem Körper etwas Gutes bieten, damit die Seele Lust hat, darin zu wohnen."

Winston Churchill

11 „Du kannst mir den Tag nicht verderben. Solange es Luft auf der Erde gibt und ich atmen kann, wird es ein guter Tag sein."

Cotton Fitzsimmons

März

12 „Man braucht nicht
an die Sonne zu glauben,
um sich an der Wärme
des Morgenlichts zu erfreuen.
Es ist einfach da,
spürbar und offensichtlich."

Dan Millman

13 „Liebst du das Leben?
Dann verschwende keine Zeit,
denn daraus ist das Leben gemacht."

Benjamin Franklin

14 „Die Gedanken, die wir uns auswählen, sind die Werkzeuge, mit denen wir die Leinwand unseres Lebens anmalen."

Louise L. Hay

15 Unser Glück und unsere Zufriedenheit auch anderen offen zeigen, denn:

„Lachen und Lächeln sind Tor und Pforte, durch die viel Gutes in den Menschen hineinhuschen kann."

Christian Morgenstern

März

16
Warum eigentlich nicht:
Mir einen Luftballon kaufen,
meine Sorgen einfach
an die Schnur binden
und ihn losschicken –
auf und davon.

17
„Jeden Tag wieder Frühlingserwachen.
Mit Sonne im Herzen,
mit Schmetterlingen im Bauch
und mit der Lust und Laune
einer ganzen Blumenwiese."

Jochen Mariss

18 Meine Gedanken heute
so sanft und mild.
Wie Sahne im Kaffee
schmiegt sich
meine Stimmung
schnurrend
an mich
wie eine Katze.

März

19 „Lerne zuzuhören –
günstige Gelegenheiten
klopfen manchmal nur
sehr leise an deine Tür."

Anonym

20 Mit jeder Knospe,
die sich öffnet,
aus ganzem Herzen
das Leben feiern.

21 „Die Stille ernährt,
der Lärm verbraucht."

Reinhold Schneider

22 „Aus meiner Seele zieht
mit Nasenflügelbeben
ein ungeheurer Appetit
nach Frühstück und nach Leben."

Joachim Ringelnatz

März

23

„Wende dein Gesicht
der Sonne zu,
dann fallen die Schatten
hinter dich!"

Chinesische Weisheit

24

„‚Und ich habe mich so gefreut!',
sagst du vorwurfsvoll, wenn dir
eine Hoffnung zerstört wurde.
Du hast dich gefreut – ist das nichts?"

Marie von Ebner-Eschenbach

25 So ein Glück!

Ein Stück des Weges nicht
allein gehen zu müssen,
sondern Füße neben sich
gehen zu hören und eine Hand zu sehen,
nach der man greifen kann,
um sie festzuhalten.

26 Am Abend das Erlebte abschließen:

„Der Tag ist vorbei.
Die sinkende Sonne macht
Mut zum Loslassen."

Ernst Ferstl

März

27

„Glück ist ein leiser Vogel.

Wie der Schlaf oder ein Traum
wird er nicht kommen,
wenn man ihn ruft.
Streck ganz ruhig deine Hand aus
und es kann sein,
dass er sich darauf niederlässt.

Greife nach ihm und er ist verscheucht."

Anselm Grün

28 „Mit den Flügeln der Zeit
fliegt die Traurigkeit davon."

Jean de La Fontaine

29 „Du öffnest das Fenster.
Alle Frühlinge kommen
herein mit diesem."

Hilde Domin

März

30

Planen kann eine feine Sache sein –
aber es ist gut, auch offen für
Nicht-Planbares zu sein, denn:

„Leben ist, was dir passiert,
wenn du andere Pläne machst."

John Lennon

31

„Im Frühlingsregen,
Schirm und Regenmantel dort,
gehen und plaudern."

Taniguchi Buson

April

April

1 „Glücklich ist der Mensch,
der über sich selbst lachen kann.
Er wird immer etwas haben,
was ihn belustigt."

Habib Burgiba

2 „Freude an kleinen Dingen:
Mit diesem Schlüssel
kannst du überall und allezeit
ein bisschen glücklich sein."

Phil Bosmans

3 Das verrückte Aprilwetter genießen:

„Die Sonne geht auf.
Ein Regenguss klatscht Beifall
mit nassen Händen."

Ernst Ferstl

4 „Die Schönheit
ist die Blüte des Glücks."

Japanisches Sprichwort

April

5 Heute frei nach Hilde Domin
eine neue Sprache erfinden:
die Kirschblütensprache,
mit Apfelblütenworten,
rosa und weiß und diese dann
lautlos vom Wind davontragen lassen.

6 „Die Straßen liegen auf dem Rücken,
genießen den Frühling und lächeln."

Charles Bukowski

7 „Es gibt Glückspilze, die fallen
und finden noch etwas dabei."

Senegalesisches Sprichwort

8 „Wenn ich nur könnte,
malte ich gelegentlich
am Himmel den Regenbogen
und richtete alles so ein,
dass er auch bei Nacht sichtbar wäre."

Dom Helder Camara

April

9 „Achte gut auf diesen Tag, denn er ist
das Leben – das Leben allen Lebens.
In seinem kurzen Ablauf liegt alle
Wirklichkeit und Wahrheit des Daseins,
die Wonne des Wachsens, die Herrlichkeit
der Kraft.
Das Gestern ist nichts als ein Traum
und das Morgen nur eine Vision.
Aber das Heute – richtig gelebt –
macht jedes Gestern zu einem Traum
voller Glück und das Morgen zu einer Vision
voller Hoffnung.
Achte daher wohl auf diesen Tag."

Aus dem Sanskrit

10 „Es sind die Begegnungen
mit Menschen, die das Leben
lebenswert machen."

Guy de Maupassant

11 „Auch in einer Träne
kann sich die Sonne spiegeln."

Maxi Böhm

April

12 „Das Leben besteht aus
schönen Augenblicken,
man muss sie sich nur
verschaffen."

Ingomar von Kieseritzky

13 „Tanzen ist Träumen
mit den Beinen."

Herwig Mitteregger

14 „Meinen Kopf
auf eine weiße Wolke bettend,
schlafe ich ein."

Han Shan

15 „Keiner ist so verrückt,
dass er nicht einen
noch Verrückteren findet,
der ihn versteht."

Friedrich Nietzsche

16 „Die Hoffnung
ist das Morgenrot
der Freude
und die Erinnerung
ihr Abendrot."

Jean Paul

17 Es muss nicht immer Sonne sein –
auch Regentropfen können streicheln.

18 „Lachen –
das ist der Geist, der niest."

Jerry Lewis

19

Manchmal braucht es
einen regelrechten Befreiungsschlag:
„Wer A sagt, muss nicht B sagen.
Er kann auch erkennen, dass A falsch war."

Bertolt Brecht

April

20

Eine Geschichte aus Indien:

Ein Meister warf mit Steinen
nach seinen Schülern.
Alle, bis auf einen, liefen vor ihm davon.
Dieser eine Schüler hob die Steine auf
und sah, dass sie aus purem Gold waren.

Die Moral: Wenn das Leben
dir Steine in den Weg legt,
heb sie auf, damit du sie
beurteilen kannst.

21 „Das Leben ist eine Art Waldspaziergang –
man muss nur ein bisschen
auf den Weg achten
und kann bedenkenlos die
Schönheit genießen."

Henning Pohlmann

22 „Genau in dem Augenblick,
in dem die Raupe dachte,
die Welt gehe unter,
wurde sie zum Schmetterling."

Unbekannt

April

23 „Nach jeder Katastrophe
sind wieder Gras und Blumen
gewachsen."

Hermann Hesse

24 „Durch das Normale hat die Welt Bestand, durch das Außergewöhnliche bekommt sie ihren Wert."

Baruch de Spinoza

25 „Die goldgrünen
Weidenkätzchen
haben ein triefendes Fell.
Keine Biene besucht sie.
Ich will sie einladen,
sich an meinem Ofen
zu trocknen."

Hilde Domin

April

26 „Glück ist das mögen,
was man muss, und das dürfen,
was man mag."

Henry Ford

27 „Nicht zu verzagen
ist die Wurzel des Glücks."

Indische Lebensweisheit

28 So einfach, so wahr:

„Wer nicht mehr genießen kann,
wird ungenießbar."

Josef Schmidt

29 „Setze jeden Tag
einen Fuß auf die Erde.
Reiche jeden Tag
einem Stern die Hand."

George Bruce

April

30

„Muße ist keine Erfindung
für bessere Leute –
sie ist leibliches, seelisches,
geistiges Atemholen,
ohne das kein menschliches
Wesen auf Dauer leben kann,
am wenigsten der unentwegt
arbeitende Mensch unseres
Zeitalters."

Rudolf Hagelstange

Mai

Mai

1 Ein guter Start:

Unser Herz öffnen wie ein Fenster,
die Sonne hereinlassen
und das Leben fröhlich begrüßen.

2 „Wenn man auf seinen Körper achtet,
geht es auch dem Kopf besser."

Jil Sander

3

Über das weite Land,
flachgehügelt und grüngeschwungen,
gleitet die Seele dahin.
Hält sie nichts auf,
findet der gehetzte Blick
ruhende Pole,
kann ich ganz entspannt
neue Kräfte sammeln.

Mai

4 „Glück ist ein Maßanzug.
Unglücklich sind meist die,
die den Maßanzug
eines anderen tragen möchten."

Karl Böhm

5 „Addieren Sie all Ihre kleinen Glücks-
momente und Sie werden erkennen,
dass wir dem Glück nicht nachzujagen
brauchen, weil es rings um uns wartet."

Sergio Bambaren

6 „Humor ist der Sonnenschein
des Geistes."

George Bulwer-Lytton

7 „Carry within you a portable heaven",
rät Paramahansa Yogananda,
was so viel heißt wie: „Tragt in euch
einen Mitnehm-Himmel."

Was für eine bezaubernde Vorstellung:
einen ganz persönlichen kleinen tragbaren
Himmel erschaffen und ihn überall spüren –
ein privates Paradies auf Erden.

Mai

8 „Reicht dir das Leben eine Zitrone,
mach eine Limonade daraus!"

Kalenderspruch

9 Sich das Recht nehmen,
man selbst zu sein:
ein Original und keine Kopie.

10 „Das Gestern ist Geschichte,
das Morgen ist noch ein Geheimnis
und das Heute ist ein Geschenk."

Anonym

11

„Hab Geduld in allen Dingen,
vor allem aber mit dir selbst."

Franz von Sales

Mai

12 Sich auch von großen Projekten
nicht entmutigen lassen:

„Der Mensch, der den Berg versetzte,
war derselbe, der anfing,
kleine Steine wegzutragen",
sagt ein chinesisches Sprichwort.

13 „Möge das Leben dich lehren,
dir selbst ein guter Freund zu sein."

Irischer Segensspruch

14

„Zu sehen und zu hören, was in mir ist und
mit mir ist, und nicht, was dort sein sollte,
dort war oder vielleicht sein könnte!
Zu sagen, was ich fühle und denke,
und nicht, was ich sagen sollte!

Zu fühlen, was ich fühle, und nicht das,
was ich fühlen sollte! Zu fragen,
was ich möchte, und nicht warten,
warten, warten auf Erlaubnis!
Zu wagen, was mich reizt,
statt immer nur Sicherheit zu wählen!"

Virginia Satir

Mai

15

Einmal den Kindern zuschauen
und sich auf das besinnen,
was wirklich wichtig ist:
spielen, lachen, klettern,
laufen, hüpfen, toben und
richtig viel Spaß haben.

16

„Jedes Problem
hält ein Geschenk in der Hand."

Indisches Sprichwort

17

Wie gut kann es tun,
endlich eine Entscheidung
zu treffen und aktiv zu werden:

„Alle Sorge hat ein Ende,
wenn wir einen festen Entschluss
gefasst haben", sagte Cicero.

18

„Wer die Freude verliert,
muss sie anderswo suchen."

Gerhard Uhlenbruck

Mai

19 „Nur durch Dunkelheit
ist das Licht hell;
nur durch Trauer
ist Freude schön."

Sabine Lilienthal

20 „Der beste Weg, sich selbst
eine Freude zu machen, ist:
zu versuchen, einem andern
eine Freude zu bereiten."

Mark Twain

21 „Öffnet man die Augen,
so wird jeder Tag zum Erlebnis."

Oskar Kokoschka

22 „Und wenn du den Eindruck hast,
dass das Leben ein Theater ist,
dann suche dir eine Rolle aus,
die dir so richtig Spaß macht."

William Shakespeare

Mai

23 „Manchmal kommt das Glück
durch eine Tür herein,
von der man gar nicht wusste,
dass man sie offen gelassen hatte."

John Barrymore

24 „Ich schulde meinen Träumen
noch Leben."

Graffito

Sie auch?

25

Und immer wieder wach
und achtsam sein,
damit das Glück nicht einfach
an uns vorbeirennt:

„Just ging ein Glück vorüber,
als ich schlief,
und wie ich träumte,
hört ich nicht:
es rief."

Rainer Maria Rilke

Mai

26 „Was der Sonnenschein
für die Blumen ist,
das sind lachende Gesichter
für die Menschen."

Joseph Addison

27 „Verbringe nicht die Zeit
mit der Suche nach einem Hindernis,
vielleicht ist keines da."

Franz Kafka

28 „Glück ist wie Parfum.
Man kann es nicht über
einen anderen verschütten,
ohne selbst etwas abzubekommen."

Ralph Waldo Emerson

29 Manchmal die alte Hülle
ablegen können
wie eine Schlange ihre Haut …
Wenn schon nicht real,
dann wenigstens in Gedanken!

Mai

30 „Lass uns wieder lernen,
den Augenblick zu genießen,
zu nehmen, was ist,
mit beiden Händen."

Jochen Mariss

31 „Jede dunkle Nacht
hat ein helles Ende."

Nisami

Juni

Juni

1
„Sie möchten gern lachen –
aber so tun Sie es doch.
Die Welt ist durchaus nicht
zu ernst dazu. Sie ist weder ernst noch
lächerlich, sondern in jedem Kopf
und jeder Sekunde anders, anders, anders."

Christian Morgenstern

2
„Es ist ein Gesetz im Leben:
Wenn sich eine Tür schließt,
öffnet sich dafür eine andere."

André Gide

3 „Das ist die Zeit,
wo man das Kichern
des Goldregens hört
und die Wolken
über den Straßenschluchten
Wunschränder bekommen."

Eveline Hasler

4 Heute pflück ich mir
einen Stern
und reite auf seinem Schweif
hinauf zum Mond.

Juni

5

„Die wahren Lebenskünstler
sind bereits glücklich,
wenn sie nicht unglücklich sind."

Jean Anouilh

6

Achtsam die kleinen Momente
wahrnehmen,
in denen das Leben tief und
wohlig durchatmet –
fernab von Stress und Hektik
zur Ruhe kommen.

7 „Setze deinen Kurs nach weit entfernten Sternen und nicht nach den Lampen anderer Schiffe."

Knut Utsein Kloster

8 „Auf jeden Grashalm fällt ein Tröpfchen Tau."

Chinesisches Sprichwort

Juni

9 „Der Geist ist ein ganz eigener Ort,
er kann aus der Hölle einen Himmel
oder aus dem Himmel
eine Hölle machen."

John Milton

10 „Die Schmetterlinge –
was sie wohl träumen mögen
beim Flügelspreizen?"

Chiyo-ni

11 „Es gibt zwei Wege,
um glücklich zu sein:
Wir verringern unsere Wünsche
oder vergrößern unsere Mittel.
Wenn du weise bist,
wirst du beides gleichzeitig tun."

Benjamin Franklin

Juni

12 „Dem Fröhlichen
ist jedes Unkraut eine Blume,
dem Betrübten jede Blume
ein Unkraut."

Sprichwort aus Finnland

13 „Nur die bewusste Wahrnehmung
des jetzigen Augenblicks verhindert,
dass wir uns gedanklich
ständig mit unseren Problemen
beschäftigen."

Georg Paulus

14

Manchmal sollte man sich
ganz bewusst erlauben, faul zu sein,
und das von Herzen genießen,
denn es gibt diese Tage,
an denen Lao Tse Recht hat:

„Nichtstun ist besser,
als mit vieler Mühe nichts schaffen."

Juni

15

„Leben heißt,
Menschen und Dinge umarmen
und wieder loslassen,
nichts und niemanden besitzen wollen
und über jeden Stern jauchzen,
der vom Himmel fällt."

Phil Bosmans

16

Der Meister hatte mit seinen
jungen Schülern einen Ausflug
gemacht.
Zur Rast setzten sie sich an das Ufer
eines Flusses, das steil hinabging.
Einer der Schüler fragte:
„Sag Herr, wenn ich nun abrutschen
würde und in den Fluss fiele,
müsste ich dann ertrinken?"
„Nein", antwortete der Meister,
„du ertrinkst nicht,
wenn du in den Fluss fällst –
du ertrinkst nur dann,
wenn du drin bleibst."

Nach Anthony de Mello

Juni

17 „Und in den Momenten
wunschlosen Glücks ist man
bei sich angekommen."

Hans Kruppa

18 „Humorvolle Menschen
finden immer einen Nagel,
an den sie ihren Alltagsärger
hängen können."

Irmgard Erth

Juni

19 Begrünungsprojekt
für die Seele:
sich auf dickes, weiches
Moos legen,
das Gras streicheln
und ein Gespräch
von Mensch zu Baum führen.

20 „Man braucht nur mit
Liebe einer Sache nachzugehen,
so gesellt sich das Glück hinzu."

Johannes Trojan

Juni

21 „Die einfachste Möglichkeit,
den Alltag von seiner Alltäglichkeit zu be-
freien, ist, ein sonntägliches Gemüt an den
Tag zu legen."

Ernst Ferstl

22 „Hundert kleine Freuden sind
tausendmal mehr wert als eine große."

Johann von Kepler

23 „Wer jeden Abend sagen kann:
‚Ich habe gelebt',
dem bringt jeder Morgen
einen neuen Gewinn."

Seneca

24 „Wir würden vor dem Glühwürmchen ebenso ehrfürchtig stehen wie vor der Sonne,
wenn wir nicht an unsere
Vorstellungen von Gewicht und Maß
so gebunden wären."

Kahlil Gibran

Juni

25

„Um ein böses Gesicht zu machen,
musst du 65 Muskeln anstrengen,
um zu lächeln,
brauchst du nur zehn.
Überanstrenge dich nicht!"

Cyril N. Parkinson

26

Mit Freude immer wieder den eigenen
Horizont erweitern und die neu gewonnene,
freie Sicht genießen, denn nicht umsonst
sagt ein mongolisches Sprichwort: „Der
Frosch im Brunnen beurteilt das Ausmaß
des Himmels nach dem Brunnenrand."

27 Eine selbst gemachte Freude:

ein Ja zu sich selbst –
ohne Wenn und Aber.

28 „Wenn in der blühenden Blume
die welkende schon du voraussiehst,
sieh noch weiter voraus in der welkenden
auch die erblühende."

Friedrich Rückert

Juni

29
Im wörtlichen wie im übertragenen
Sinn anzuwenden:
„Sein Unglück
ausatmen können
tief ausatmen
so dass man wieder
einatmen kann."

Erich Fried

30
„Das Wunderbarste an den Wundern ist,
dass sie manchmal wirklich geschehen."

Gilbert K. Chesterton

Juli

Juli

1 „Sieh die Schönheit der Sonne
in ihrer Wärme und nicht
in ihrem Gesicht."

Sprichwort aus Wales

2 „Die Vergangenheit ist
Geschichte,
die Zukunft ein Geheimnis
und dieser Augenblick ist ein
Geschenk."

Vedisch

3 „Schöne Tage …
Nicht weinen,
dass sie vergangen,
sondern lächeln,
dass sie gewesen."

Rabindranath Tagore

4 Sommerfreuden genießen:
„Die Blume ist das Lächeln
der Pflanze."

Peter Hille

Juli

5

„Heimat ist kein Ort,
Heimat ist ein Gefühl."

Herbert Grönemeyer

6

Ein tolles Lebensmotto:

„Meine Lieblingsfarbe ist bunt."

Walter Gropius

7

„Die schönste Freude erlebt
man immer da,
wo sie am wenigsten
erwartet wird."

Antoine de Saint-Exupéry

8 „Sei zäh wie ein Grashalm:
fest verwurzelt, willig zu lernen
und im Frieden mit deiner Umgebung."

Natalie Goldberg

Juli

9 „Nur in einem ruhigen Teich
spiegelt sich das Licht der Sterne."

Chinesisches Sprichwort

10 „Finde heraus, was du gern tust,
und dann tu's.
Man lebt ja nur einmal
und das kann ebenso gut
auch amüsant sein."

Coco Chanel

11

Heute singen alle Vögel
für mich allein.
Heute blühen alle Blumen,
um mich zu erfreuen.
Heute gehört mir alle Zeit der Welt.
Heute dreht sich die Sonne um mich
und ich bin Mittelpunkt der Erde.
Heute lebe ich
nur für mich.

Juli

12 „Es ist noch keiner verzweifelt,
der sich die Hoffnung
nicht nehmen ließ."

Carl von Tschudi

13 „Das wahrhafte Glück
des Daseins liegt nicht im Sein,
sondern im Werden."

Otto Heuschele

14

„Die Leute staunen und sagen,
dass es ein Wunder sei,
auf dem Wasser zu laufen.
Nun, für mich ist es ein Wunder,
auf dieser Erde zu laufen."

Thich Nhat Hanh

15

Heute ein Rendezvous
mit sich selbst –
frei nach dem Motto
von Aristoteles:

„Glück ist Selbstgenügsamkeit."

Juli

16 Schöne Momente sammeln
wie Perlen auf einer Kette
und sich dabei unendlich reich
fühlen.

17 „Freude –
das Leben durch einen
Sonnenstrahl gesehen."

Carmen Sylva

18 „Sonne im Herzen:
Im Garten der Zuneigung
blüht die Zärtlichkeit."

Ernst Ferstl

19 „Mit dem Glück
geht es wie mit der Brille:
Man hat sie auf der Nase
und weiß es nicht."

Volksmund

Juli

20 „Lasst uns das Leben genießen,
solange wir es nicht begreifen."

Kurt Tucholsky

21 „Optimisten wandeln auf den Wolken,
unter denen die Pessimisten Trübsal blasen."

Anonym

22 „Wer langsam geht,
geht weiter."

Unbekannt

23 Nur nicht unersättlich werden:

„Die meisten Menschen sind unglücklich,
weil sie, wenn sie glücklich sind,
noch glücklicher werden wollen."

Ingrid Bergmann

Juli

24 „Was hilft aller Sonnenaufgang,
wenn ihr nicht aufsteht?"

Georg Christoph Lichtenberg

25 Warum sich heute nicht
ein kleines Lachgesicht
auf alle zehn Zehen malen
und so auf grinsenden Füßen
durch die Welt gehen?

26 „Schweigendes Abendrot –
ein Trost der Sonne
beim Verlassen des Himmels."

Hans-Christoph Neuert

27 „Ein Licht, das von innen
her leuchtet,
kann niemand auslöschen."

Kubanische Weisheit

Juli

28 „Man sieht die Blumen welken
und die Blätter fallen,
aber man sieht auch
die Früchte reifen und
neue Knospen keimen."

Johann Wolfgang von Goethe

29 „Hüte dich vor dem Entschluss, zu dem du nicht lächeln kannst."

Heinrich von Stein

30 „Man sollte nicht von Zeitvertreib reden, sondern von Zeitgenuss."

Jean Paul

Juli

31

„Das Glück ist wie ein Schmetterling", sagte der Meister.

„Jag ihm nach und er entwischt dir.
Setz dich hin und er lässt sich auf deiner Schulter nieder."

„Was soll ich also tun, um das Glück zu erlangen?"

„Hör auf, hinter ihm her zu sein."

„Aber gibt es nichts, was ich tun kann?"

„Du könntest versuchen, dich ruhig hinzusetzen, wenn du es wagst."

Zen-Geschichte

August

August

1 „Fang den Tag von heute
nicht mit den Scherben
von gestern an!"

Phil Bosmans

2 „Wenn Sie immer nur das tun,
was Sie bisher getan haben,
werden Sie auch immer nur
das bekommen,
was Sie bisher bekommen haben."

Henry Ford

August

3 „Ich weigere mich, mich länger
von der Realität einschüchtern
zu lassen. Die Realität –
was ist das?
Ein kollektives Gefühl –
weiter nichts."

Lily Tomlin

4 „Es kommt nicht darauf an,
dem Leben mehr Jahre zu geben,
sondern den Jahren mehr Leben."

Alexis Carrel

August

5 Vorsatz:

Ich werde mir
schon noch
zeigen,
wozu ich
fähig bin.

6 „Nur wer in die Stille lauscht,
kann das Lied des Lebens hören."

Jörch Nebel

7 „Es gibt nur einen Weg zum Glück
und der bedeutet, aufzuhören
mit der Sorge um Dinge,
die jenseits der Grenzen unseres
Einflussvermögens liegen."

Epiktet

8 „Nichts ist so erfrischend
wie ein beherzter Schritt
über die Grenzen."

Keith Haring

August

9 „Hake jeden Tag ab und
betrachte ihn als erledigt.
Du hast dein Bestes getan."

Ralph Waldo Emerson

10 „Wer Schmetterlinge lachen hört,
der weiß, wie Wolken schmecken."

Novalis

11 „Vergiss nicht,
Glück hängt nicht davon ab,
wer du bist oder was du hast;
es hängt nur davon ab,
was du denkst."

Dale Carnegie

12 „Es ist durchaus möglich,
anders zu sein als die anderen
und doch vollkommen
in Ordnung zu sein!"

Anne Wilson Schaef

August

13

„Was ist das Leben?
Es ist das Aufblitzen
eines Glühwürmchens in der Nacht.
Es ist der Atem eines Büffels im Winter.
Es ist der kleine Schatten,
der über das Gras huscht
und im Sonnenuntergang
verschwindet!"

Blackfoot

14

Lebenskunst:
aus lauter kleinen Glücksmomenten
ein Mosaik der eigenen Zufriedenheit
kreieren
und es immer wieder
gerne anschauen.

15

„Mische ein bisschen Torheit
in dein ernsthaftes Tun und Trachten!
Albernheiten im rechten Moment
sind etwas ganz Köstliches."

Horaz

August

16 Alles eine Frage des Blickwinkels:

„Manche ärgern sich darüber,
dass die Rosen Dornen haben,
andere freuen sich,
dass die Dornen Rosen haben."

Albert Mackels

17 „Wer einen Regenbogen haben will, muss den Regen akzeptieren."

Dolly Parton

18 Vorsicht, Falle!

„Man weiß selten,
was Glück ist,
aber man weiß meistens,
was Glück war."

Françoise Sagan

August

19 „Humor
ist der Schwimmgürtel
auf dem Strome des Lebens."

Wilhelm Raabe

20 Manchmal den Rückzug antreten
und sich ganz mit sich selbst befassen:

„Nur im Alleinsein können
wir uns selber finden.
Alleinsein ist nicht Einsamkeit,
sie ist das größte Abenteuer!"

Hermann Hesse

21 „Die Menschen reisen,
um Berggipfel zu bestaunen,
aber sie gehen ohne Staunen
an sich selbst vorbei."

Augustinus

22 „Frag nicht,
was das Leben dir gibt,
frag, was du gibst."

Alfred Adler

August

23

Statt Blumen lieber Gedanken pflücken
und diese verschenken.
So können die Blumen auch noch den
Nächsten erfreuen,
wir aber haben die Chance,
einander wieder ein Stück besser
kennenzulernen.

24

„Es gibt kein schöneres Vergnügen,
als einen Menschen
dadurch zu überraschen,
dass man ihm mehr gibt,
als er erwartet hat."

Charles Baudelaire

25

Im Falle eines Ärgernisses:

„Du kannst dich den ganzen Tag ärgern,
verpflichtet bist du jedoch nicht dazu."

Arthur Lassen

26

„Ein Augenblick der Seelenruhe
ist besser als alles,
was du sonst erstreben magst."

Persisch

August

27 „Halt an, wo läufst du hin?
Der Himmel ist in dir!"

Angelus Silesius

28 Hochsommerabend –
es ist, als hätte jemand
kleine geflügelte Wesen
ins flirrende Sonnenlicht gestreut,
die dort tanzen und singen.

29

„Ab sofort
bin ich
nur noch ich.

Alles andere
ist mir
auf die Dauer
zu anstrengend."

Ernst Ferstl

August

30
Und selbst unsere Unzufriedenheit kann
zu etwas gut sein, wie schon Oscar Wilde
feststellte:

„Unzufriedenheit ist der erste Schritt
in der Entwicklung
von Menschen und Völkern."

31
„Wenn du an dir nicht Freude hast,
die Welt wird dir nicht Freude machen."

Paul Heyse

September

September

1 „Setz dich an einen Bach und
sei einfach da. Das Lied des Wassers
wird deine Sorgen aufnehmen und
sie hinab zum Meer tragen."

Donald Walters

2 Es gibt eine Reihe von „Zufriedenheits-
killern". Vergleichen ist einer davon:

„Das Vergleichen ist das Ende des Glücks
und der Anfang der Unzufriedenheit."

Søren Kierkegaard

3 „Strahlende Augen erblicken
eine strahlende Welt."

Charles Tschopp

4 „Die Menschen, die nach Ruhe suchen,
die finden Ruhe nimmermehr,
weil sie die Ruhe, die sie suchen,
in Eile jagen vor sich her."

Wilhelm Müller

September

5 „Alle Lebewesen außer
den Menschen wissen,
dass der Hauptzweck
des Lebens darin besteht,
es zu genießen."

Samuel Butler

6 „Lächeln ist das Kleingeld
des Glücks."

Heinz Rühmann

September

7 „Sich ausbreiten wie ein Baum,
Erde fühlen, Kraft spüren,
dem Licht zuwenden, Sonne atmen,
mit Freude leben."

Else Pannek

8 Ein Lebensrat von Abraham Lincoln:

„Halte dir jeden Tag dreißig Minuten
für deine Sorgen frei und mach
in dieser Zeit ein Nickerchen."

September

9 „Nicht müde werden,
dem Wunder leise
wie einem Vogel
die Hand hinzuhalten."

Hilde Domin

10 „Ein Problem zu lösen
ist die beste Art,
es loszuwerden."

Brendan Francis

September

11

„Die wichtigste Stunde
ist immer die Gegenwart.
Der bedeutendste Mensch
ist immer der, der dir
gerade gegenübersitzt.
Das notwendigste Werk
ist stets die Liebe."

Meister Eckhart

12

„Der Optimist denkt oft ebenso
einseitig wie der Pessimist.
Nur eben froher."

Charles Rivel

September

13 „Ein Wanderer bist du.
Nicht Welten durchwanderst du,
nicht Wege auf diesem Planeten,
auch nicht verschiedene Leben;
Landschaften deiner Seele sind es,
die du durchwanderst."

Safi Nidiaye

14 „Glück ist niemals ortsgebunden,
Glück kennt keine Jahreszeit,
Glück hat immer der gefunden,
der sich seines Lebens freut."

Clemens von Brentano

15 „Man kann nicht jeden Tag
etwas Großes tun,
aber gewiss etwas Gutes."

Friedrich Schleiermacher

September

16   „Stürme lassen die Bäume tief wurzeln."

George Herbert

17   „Hoch über mir das reine Blau,
um euch ein Meer von Strahlen,
zu Füßen mir der Morgentau,
bunt schillernd gleich Opalen!"

Betty Paoli

18 Mal wieder hemmungslos träumen, denn:

„Wenn das Leben keine Vision hat, nach der man sich sehnt, die man verwirklichen möchte, dann gibt es auch kein Motiv, sich anzustrengen."

Erich Fromm

19 „Chancen präsentieren sich uns mit Vorliebe in der Maske von Unannehmlichkeiten."

Unbekannt

September

20

„Glücklich der Mensch,
glücklich er allein,
der das Heute ganz
besitzen kann,
der in sich ruhend
sagen kann:
‚Das Morgen, sei es
noch so schlimm,
ich hab heute gelebt.'"

Horaz

September

21 „Freiheit und Glück
bestehen im Loslassen,
nicht im Sammeln
und Bewahren."

Wolfgang Joop

22 „Im Leben ist es nicht immer so,
dass man gute Karten bekommt;
manchmal kommt es darauf an,
schlechte Karten gut zu spielen."

Robert L. Stevenson

September

23

Sich selbst einen lang gehegten Traum
erfüllen – vielleicht einen Wunsch
aus fernen Kindertagen, denn:

„Glück ist die Erfüllung von
Kinderwünschen."

Sigmund Freud

24

„Die kleinste gute Tat
ist besser als die allerbeste
Absicht."

Duguet

25 „Das Glück
kann man nicht zwingen,
aber man kann es wenigstens einladen."

Attila Hörbiger

September

26 „Wenn du keinen Fehler
machen kannst,
kannst du gar nichts machen."

Marva N. Collins

27 „Wir können nicht alle
Großes vollbringen,
aber wir können
die kleinen Dinge
mit viel Liebe tun."

Mutter Teresa

September

28

Staunen wie ein Kind –
über das Rauschen einer Muschel,
die Feinheit einer Feder,
die Zartheit eines Rosenblattes.
Sich verzaubern lassen
von den Dingen ...

29

„Das Glück beruht oft
nur auf dem Entschluss,
glücklich zu sein."

Lawrence George Durell

September

30 „Mit dem Leben ist es
wie mit einem Theaterstück:
Es kommt nicht darauf an,
wie lang es ist, sondern wie bunt."

Seneca

Oktober

Oktober

1 „Ein Hauch des Duftes
bleibt an der Hand,
welche die Blumen schenkt."

Chinesisches Sprichwort

2 Auf den Flügeln der Fantasie
lässt sich vortrefflich reisen
zu jedem Augenblick an jeden Ort.

3 „Glück ist alles, was die Seele
durcheinander rüttelt."

Arthur Schnitzler

4 Und immer wieder gezielt
und konsequent Ballast
abwerfen, denn:

„Der schreitet rasch voran,
dem es leicht ums Herz ist."

Japanisches Sprichwort

Oktober

5 „Sich glücklich fühlen
können auch ohne Glück –
das ist Glück."

Marie von Ebner-Eschenbach

6 „Oft sind es gut genutzte Mußestunden,
in welchen der Mensch das Tor
zu einer neuen Welt findet."

George M. Adams

7 „Die beste Möglichkeit,
seine Träume zu verwirklichen,
ist aufzuwachen."

Sprichwort aus China

8 „Glück ist Liebe, nichts anderes.
Wer lieben kann, ist glücklich."

Hermann Hesse

Oktober

9 „Wirf deine Gedanken
wie Herbstblätter
in einen blauen Fluss,
schau zu,
wie sie hineinfallen
und davontreiben,
und dann vergiss sie."

Zen-Weisheit

10 „Hänge deine Regenwolken
zum Trocknen in die Sonne."

Phil Bosmans

11 „Das Glück tritt gern
in ein Haus ein,
wo gute Laune herrscht."

Japanisches Sprichwort

Oktober

12 „Du kannst keinen Ozean
überqueren,
indem du einfach nur aufs
Wasser starrst."

Rabindranath Tagore

13 „Geh aufrecht wie die Bäume,
lebe dein Leben so stark wie die Berge,
sei sanft wie der Frühlingswind,
bewahre die Wärme der Sonne im Herzen
und der Große Geist wird mit dir sein."

Weisheit der Navajo

Oktober

14 „Die größte Gefahr
im Leben ist,
dass man zu vorsichtig wird."

Alfred Adler

15 Trauer und Freude sind Geschwister:
„Traurigsein ist wohl etwas Natürliches.
Es ist wohl ein Atemholen zur Freude,
ein Vorbereiten der Seele dazu."

Paula Modersohn-Becker

Oktober

16 „Lausche dem Geräusch
der Vögel im Frühling,
dem der Zikaden im Sommer,
dem der Insekten im Herbst
und dem des Schnees im Winter.
Wer das tut, hat nicht umsonst gelebt."

Chang Ch'ao

17 Und manchmal liegt das Glück
in der Nichterfüllung:

„Etwas zu wünschen übrig zu haben, um
nicht vor lauter Glück unglücklich zu sein."

Baltasar Gracián

18

„Denke positiv; denke negativ;
es ist einerlei. Denn nicht dein Denken
bestimmt dein Glück, sondern dein Herz.
Wenn du wahrhaft positiv denken willst,
so übe dich nicht im Zurechtbiegen deiner
Gedanken, sondern darin, dein Herz zu
öffnen. Nur das wandelt."

Safi Nidiaye

19

„Es ist selten zu spät für etwas und niemals
zu früh für etwas im Leben."

Oskar Kokoschka

Oktober

20

„Man lebt nur einmal,
aber wenn man es richtig anstellt,
ist einmal genug."

Joe E. Lewis

21

„Zieh dich ein Stück von der Welt zurück,
aber nicht ein zu großes Stück!
Mit ihr nicht außer Verkehr,
doch von ihr ohne Beschwer,
da in der Mitte liegt das Glück."

Friedrich Rückert

22 „Probleme sind Gelegenheiten
zu zeigen, was man kann."

Duke Ellington

23 „Leg dir einen Vorrat der Stille an,
einen Rückhalt an Ruhe."

Ulrich Schaffer

Oktober

24 „Ob du glaubst,
du kannst es,
oder ob du glaubst,
du kannst es nicht:
Du hast immer recht!"

Henry Ford

25 „Ein Sonnenstrahl reicht,
um viel Dunkel zu erhellen."

Franz von Assisi

26 Herbstgeschichte

„Ach, nun bin ich zu gar nichts mehr
nütze!", klagte ein Blatt, als es im Herbst zur
Erde fiel.
Da kam ein Käferchen vorbei und schnappte
sich das Blatt, um darunter seinen Winter-
schlaf zu halten.
Und beim Einschlummern dachte es:
„Ein schöneres Dach könnte ich mir
nicht wünschen!"

Nach Rudolf Kirsten

Oktober

27 „Die Seele hat die Farbe
deiner Gedanken."

Mark Aurel

28 „Glücklichsein ist nicht der Zweck
unseres Lebens,
sondern das Ergebnis
unserer Lebensweise."

Darió Lostado

29 „Die Spuren des Glücks
entdeckt man ein leichtesten
auf dem Weg zu sich."

Ernst Ferstl

30 „Die Menschen sind wie bunte
Glasfenster: Sie funkeln und leuchten,
wenn die Sonne scheint;
doch nach Anbruch der Dunkelheit
wird ihre wahre Schönheit nur offenbar,
wenn sie ein inneres Licht haben."

Elisabeth Kübler-Ross

Oktober

31   Von heute an das Lieben leben,
liebend leben, das Leben lieben.
Lebe und liebe ich von heute an.

November

November

1 Manchmal,
wenn an einem trüben
und regnerischen Tag
die Wolkendecke
unverhofft aufreißt,
kann man glatt
den Sonnenaufgang
zum zweiten Mal
genießen!

2 „Immer die kleinen Freuden
aufpicken, bis das große Glück kommt.
Und wenn es nicht kommt,
dann hat man wenigstens
die kleinen Glücke gehabt."

Theodor Fontane

3 „Wer nicht an Wunder glaubt,
ist im Grunde kein Realist."

Werner Hansch

November

4 „Wenn dir die Sonne nicht scheint,
lass dir den Mond leuchten."

Lothar Habler

5 „Meine Lieblingsbeschäftigung ist,
dorthin zu gehen,
wo ich noch nicht gewesen bin."

Diane Arbus

6 „Das Leben ist bezaubernd ...
man muss es nur durch
die richtige Brille sehen."

Alexandre Dumas

7 „Manchmal vermag uns ein durch den
Asphalt brechender Löwenzahn
die tägliche Frage nach dem Sinn
des Lebens eindrücklicher
und überzeugender zu beantworten
als eine ganze Bibliothek
philosophischer Schriften."

Unbekannt

November

8 „Ja, ich bin ein Träumer ...
denn nur Träumer finden
ihren Weg durchs Mondlicht und erleben
die Morgendämmerung, bevor die Welt
erwacht."

Oscar Wilde

9 Für Regentage gibt es Gummistiefel,
mit denen man von Pfütze zu Pfütze
hüpfen kann.

10 „Selbst wenn auf
hundertfünfzig Asseln,
schwere Regentropfen prasseln,
lassen sich die nassen Asseln
ihre Laune nicht vermasseln
und quietschvergnügt hört
man sie quasseln."

Annemarie Stollenwerk

11 „Es ist unmöglich, jemandem
ein Ärgernis zu geben,
wenn er es nicht nehmen will."

Friedrich Schlegel

November

12 Nicht nur die Sonne ist schön:
„Hat der Abend auch keine Sonne, so hat er
doch Sterne", heißt es in Persien.

13 „Wer die ganze Bandbreite
des Lebens auskosten will,
darf sich nicht mit den Schokoladenseiten
zufriedengeben."

Ernst Ferstl

November

14
Ein schottisches Sprichwort sagt:
„Ein Lächeln kostet weniger
als elektrischer Strom
und gibt mehr Licht."

15
„Pessimisten sind Menschen,
die sich über den Lärm beklagen,
wenn das Glück bei ihnen anklopft."

Unbekannt

November

16 „Wen Schatten stören,
der lösche alle Lichter."

H. D. Schütt

17 „Wie schön das Leben ist,
erfährt man nur,
wenn man sich nicht
vor allem verschließt,
was einem fremd erscheint."

Hans Bemmann

18 „Nacht folgt nicht auf Nacht –
dazwischen ist der Tag.

Berg folgt nicht auf Berg –
dazwischen ist das Tal.

Ebbe folgt nicht auf Ebbe –
dazwischen ist die Flut."

Jochen Mariss

November

19 Ich halte mich heute selbst ganz fest
im Arm. Gut fühlt sich das an, so gut.

20 „Die Seligkeit eines Augenblicks
verlängert das Leben um tausend Jahre."

Japanisches Sprichwort

21 „Genau genommen
leben sehr wenige Menschen
in der Gegenwart.
Die meisten bereiten sich darauf vor,
demnächst zu leben."

Jonathan Swift

22 „Wer ein Wofür im Leben hat,
der kann fast jedes Wie ertragen."

Friedrich Wilhelm Nietzsche

November

23 „Die Schwierigkeit besteht nicht darin, dass es keine schönen Wirklichkeiten gibt, sondern darin, dass so wenige sie erkennen, wenn wir ihnen begegnen."

George Bernhard Shaw

November

24

„Glück ist ein Wunderding.
Je mehr man gibt,
desto mehr hat man."

Germaine de Staël-Holstein

25

„Wenn einer eine Blume liebt,
die es nur ein einziges Mal gibt
auf allen Millionen und Millionen Sternen,
dann genügt es ihm völlig,
dass er zu ihnen hinaufschaut,
um glücklich zu sein."

Antoine de Saint-Exupéry

November

26 „Um ein Stern zu sein,
musst du dein eigenes
Licht verstrahlen,
deinen eigenen Weg gehen."

Wolf W. Lasko

27 „Die Welt ist voll alltäglicher Wunder."

Martin Luther

28 „Und wenn wir die
ganze Welt durchreisen,
um das Schöne zu finden.
Wir mögen es in uns tragen,
sonst finden wir es nicht."

Ralph Waldo Emerson

29 „Wenn du eine Pechsträhne hast,
dann färbe sie doch einfach blond ..."

Graffito

November

30

„Hast du Luftschlösser gebaut,
so braucht deine Arbeit
nicht verloren zu sein.
Eben dort sollten sie sein.
Jetzt lege das Fundament darunter."

Henry David Thoreau

Dezember

Dezember

1 „Manchmal kann einem
das Leben Augenblicke von
absoluter Vollkommenheit bieten und
einen in himmlischen Staub hüllen."

Philippe Djian

2 „Wer sich an andere hält,
dem wankt die Welt.
Wer auf sich selber ruht,
steht gut."

Paul von Heyse

Dezember

3 „Kannst du nicht Stern
am Himmel sein,
so sei Lampe im Hause."

Arabisches Sprichwort

4 „Welch ein Scherz,
das Leben ernst zu nehmen."

August Strindberg

Dezember

5 „Mit einigem Geschick kann
man sich aus den Steinen,
die einem in den Weg gelegt
werden, eine Treppe bauen."

Chinesische Weisheit

6 Vielleicht ein ganz neuer Gedanke,
aber so wohltuend:
Ich darf mich manchmal
auch einfach in Ruhe lassen.

7 Ein Funken Glück an einem grauen Tag –
auskosten, auch wenn der Moment
kurz ist:

„Uns gehört nur die Stunde.
Und eine Stunde,
wenn sie glücklich ist,
ist viel.
Nicht das Maß
der Zeit entscheidet,
wohl aber das Maß
des Glücks."

Theodor Fontane

Dezember

8
Manchmal wäre ein Winterfell gut
gegen die Kälte und überhaupt.
Ich denke mir heute eines
und kuschle mich in die Wärme
meiner Vorstellung.

9
„Es gibt zwei Wege aus der Dunkelheit:
Entweder du machst Licht,
dort wo du bist,
oder du gehst in die Sonne ..."

Jochen Mariss

10 Ein Lied im Radio –
eine Einladung zum Tanz.
Ich fordere mich ganz spontan auf,
folge dem Takt und
bin mir selbst genug.

11 „Bedenke: Ein Stück des Weges
liegt hinter dir, ein anderes Stück
hast du noch vor dir.
Wenn du verweilst,
dann nur, um dich zu stärken,
aber nicht, um aufzugeben."

Augustinus

Dezember

12 „Wer sich nach Licht sehnt,
ist nicht lichtlos.
Denn die Sehnsucht
ist schon Licht!"

Bettina von Arnim

13 „Und der Tag kam,
da das Risiko, in einer Blüte
verschlossen zu bleiben,
schmerzlicher wurde,
als das Risiko einzugehen,
zu erblühen."

Anaïs Nin

Dezember

14

Hin und wieder mal in ein Kino
der besonderen Art gehen:
das eigene Leben wie einen
Film betrachten und lachen
und weinen und staunen.

15

„Alles, was wir brauchen,
um wirklich glücklich zu sein,
ist etwas, wofür wir
uns begeistern können."

Charles Kingsley

Dezember

16 „Es gilt den Moment aufzufalten, wie man ein Papier entfaltet ..."

Ulrich Schaffer

17 „Menschen machen immer
ihre Lebensumstände für das
verantwortlich, was sie sind.
Ich glaube nicht an Lebensumstände.
Menschen, die es in dieser Welt zu
etwas bringen, sind diejenigen,
die sich daranmachen, die Umstände zu
suchen, die sie wollen, und die sie,
wenn sie sie nicht finden, schaffen."

George Bernard Shaw

Dezember

18 „Der Verstand stellt die Fragen,
das Herz weiß die Antworten."

Byron Katie

19 „Wer zu lange zögert,
bevor er einen Schritt macht,
verbringt vielleicht sein
ganzes Leben auf einem Bein."

Anthony de Mello

Dezember

20 „Im Herzen eines jeden Winters zittert bereits wieder der Frühling und hinter dem Schleier jeder Nacht wartet ein lächelndes Morgengrauen."

Kahlil Gibran

21 „Manche Leute glauben, Durchhalten macht uns stark, doch manchmal stärkt uns gerade das Loslassen."

Sylvia Robinson

Dezember

22 „Humor ist einfach eine
komische Art, ernst zu sein."

Sir Peter Ustinov

23 Wunschzettel
für Weihnachten:
ein Wolkenschieber,
eine tragbare Sonne
und schöne Gedanken
ohne Verfallsdatum.

Dezember

24 „Wenn du einen Menschen
glücklich machen willst,
dann füge nichts seinem
Reichtum hinzu,
sondern nimm ihm einige
von seinen Wünschen."

Epikur von Samos

25 „Augenblicksfreuden
umarmen die Ewigkeit.
Glück geht zu Herzen."

Ernst Ferstl

26 Über das Glück

Ein Geschäftsmann kam zum Meister
und wollte von ihm wissen, was das
Geheimnis eines erfolgreichen
Lebens sei.
Da sagte der Meister: „Mach jeden Tag einen
Menschen glücklich!"
Und er fügte nach einer Weile hinzu:
„... selbst wenn dieser Mensch du selbst
bist."
Und noch ein wenig später sagte er:
„Vor allem, wenn dieser Mensch
du selbst bist."

Unbekannt

Dezember

27 „Was hinter uns und vor uns liegt,
ist beides nichts, verglichen mit dem,
was in uns steckt."

Ralph Waldo Emerson

28 „Keine Schneeflocke
fällt jemals auf den
falschen Platz."

Zen-Spruch

29 „Wer einmal sich selbst gefunden hat, kann
nichts auf dieser Welt mehr verlieren."

Stefan Zweig

30 „Das Ende ist
angekommen und
freut sich auf einen
neuen Anfang."

Peter Ebner

Dezember

31
Zwischen den Jahren
entsteht ein Raum
zum Zurückschauen,
zum Erinnern und Verabschieden,
zum Wahrnehmen, was ist,
jetzt, in diesem Moment,
und zum Nach-vorn-Schauen
und Loslaufen mit einem beherzten Ja.